RAPPORT

FAIT

AU DIRECTOIRE

DU

DÉPARTEMENT DE PARIS,

Le 13 Novembre 1792, l'an premier
de la République Française,

Sur l'état actuel du Panthéon français ; sur les changemens qui s'y sont opérés; sur les travaux qui restent à entreprendre, ainsi que sur l'ordre administratif établi pour leur direction et la comptabilité.

Par ANT. QUATREMERE,

Commissaire du Département, pour l'administration et la direction du Panthéon français.

Imprimé par ordre du Directoire.

De l'Imprimerie de BALLARD, Imprimeur
du Département.

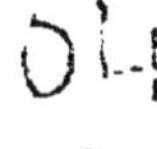

CITOYENS PRÉSIDENT ET ADMINISTRATEURS,

CHARGÉ par le Directoire, depuis 17 mois, de la direction et de l'administration du Panthéon Français, je vous aurois présenté plus tôt le compte que je mets aujourd'hui sous vos yeux, si, d'une part, vous n'eussiez pu le regarder comme déjà partiellement rendu dans les états abrégés que je vous fais passer régulièrement à la fin de chaque mois, et si, de l'autre, les événemens politiques qui viennent d'avoir lieu n'eussent détourné vers de plus grands intérêts l'attention de l'Administration à la surveillance de laquelle ce monument est spécialement subordonné.

La direction des monumens publics n'appelle que trop autour de ceux qui en sont chargés, les préventions de l'ignorance, les murmures de l'envie, ou les bourdonnemens de l'intrigue. On voudroit rendre tous les citoyens confidens de tous ses projets, mais quelque publicité qu'on s'efforce d'y donner, il reste toujours un trop

A 2

grand nombre d'hommes qui jugent de vos opérations d'autant plus qu'ils les connoissent moins.

En appellant donc aujourd'hui l'attention du
Directoire sur le double compte que je lui présente, je regarderai sa sévérité comme un bienfait, puisqu'elle contribuera à me rendre son
approbation plus flatteuse, et que la publicité
qui doit environner des opérations auxquelles
s'attache aussi sa responsabilité, me mettra
à même de faire à la République entière l'exposé fidèle de l'état du monument, et le développement des idées que j'ai cru devoir suivre
dans la transformation qui devoit s'y opérer.

J'ai dit que j'avois un double compte à rendre.
J'en puiserai la division dans la nature même de
la commission que le Directoire me confia en
me chargeant de la *direction* et de *l'administration* du monument.

Le premier, quoiqu'il ne puisse comporter
qu'une espèce de responsabilité morale, n'est cependant pas celui dans lequel je désire le moins
me concilier vos suffrages. Plus il me seroit facile
d'obtenir même de vous l'ajournement de tout
examen dans les travaux commencés, jusqu'au
moment où leur entier développement mettra
le peuple à portée d'en juger ; plus il me seroit
permis d'appeller en ce genre de tout jugement
particulier, au tribunal du goût et de l'opinion

publique : plus aussi il me sera doux de vous prouver que toutes les opérations relatives à l'art dont j'ai donné les projets et suivi l'exécution, sont dans le plus parfait accord avec tous les progrès de la révolution, et que les plaintes qui ont pu avoir lieu ne peuvent avoir été que quelques soupirs de l'aristocratie.

(*) La seconde partie du compte est aussi la plus étendue comme la plus importante, puisqu'elle embrasse l'emploi et l'application des sommes et des deniers publics, tant aux ouvrages, fournitures et travaux qui ont été exécutés depuis le 15 août 1791 jusqu'au 9 juillet 1792, qu'aux frais d'administration.

Quoique le désintéressement dont j'ai toujours fait profession dans la commission gratuite et purement honorable qui m'a été confiée ; quoique la position de simple ordonnateur dans laquelle je me trouve sans aucun maniement de deniers et sans aucun rapport direct avec le Receveur du Département ; quoique l'ordre établi par le Directoire dans les agens qu'il a placés sous moi pour l'inspection et la vérification des fournitures, et dans la surintendance qu'il s'est réservée par le contrôle de son

---

(*) Cette seconde partie beaucoup plus volumineuse, ne sera imprimée qu'après la vérification du Directoire.

'Administrateur des travaux publics ; quoiqu'enfin l'approbation déjà partiellement donnée à tous les états de distribution de fonds, sembleroient avoir en quelque sorte dégagé ma responsabilité, je me croirois cependant indigne de toute confiance, si j'usois d'un seul de ces moyens pour diminuer la rigueur de votre examen. C'est la plus scrupuleuse censure que j'invoque, et si le Directoire, comme je n'en doute pas, juge convenable de donner, par l'impression, la plus grande publicité au mémoire et au compte que je lui présente, je le remercierai de m'avoir fait jouir de la seule récompense que j'ambitionne, son estime appuyée du suffrage de la République.

Je vais donc, dans la première partie, vous donner le tableau général de mes opérations, comme Directeur des travaux du Panthéon Français, ainsi qu'un exposé de l'ordre administratif établi pour en diriger et surveiller l'exécution.

* La seconde partie sera le compte général des sommes versées dans la caisse du Département, des sommes payées aux intéressés, et de l'emploi détaillé, ainsi que de l'application de ces sommes,

---

* *Voyez la note précédente.*

CHAPITRE I.

Des divers changemens opérés et à continuer dans le monument.

Lorsque la mort de Mirabeau fit naître dans l'Assemblée constituante, la grande idée d'ouvrir un temple à la reconnoissance publique, la nouvelle église de Ste.-Geneviève dut se présenter d'abord comme l'édifice qui, par la grandeur de ses dimensions, la richesse de sa décoration, la beauté de son aspect et d'une position qui domine toute la ville, par le renouvellement des formes de l'antiquité dans un péristile imposant, pouvoit le mieux et le plus tôt s'assortir aux vues des fondateurs de cette belle institution.

Sous un autre rapport, le choix étoit heureux. Trente années de travaux peu interrompus, quinze millions de dépense déjà faite, une construction entièrement achevée, tout promettoit la prompte jouissance de ce monument.

La ville de Paris gagnoit encore à voir changer sa destination. S'il continuoit d'être une église, la dépense de son achèvement devenoit une dépense municipale, et grevoit les habitans de Paris. Devenu le temple de la Patrie, le trésor national devoit faire les frais de sa confection.

(8)

Il y avoit peu d'objections à élever contre ce projet. Mais les artistes et les gens de goût sembloient opposer au changement d'emploi dans l'édifice, de solides considérations.

« L'édifice destiné à être une église (disoit-on), en retraceroit toujours l'idée par sa forme et ses détails. Déjà une grande partie d'attributs et d'ornemens terminés, lui avoient imprimé le caractère religieux. Le fronton étaloit une gloire en rayons des anges en adoration devant le symbole du christianisme. Les bas-reliefs du péristile, ainsi que ceux de deux voûtes intérieures déjà terminées, faisoient voir les anciens patrons de l'ancienne église, Saint - Pierre et Saint - Paul, les miracles de Sainte - Geneviève, les images des Patriarches de l'ancien testament, des SS. Pères de l'église Grèque, de quelques fondateurs d'ordres monastiques. Au-dessus de la coupole, s'élevoit une lanterne, amortissement ordinaire des temples modernes, et des tours réléguées au chevet de l'édifice, complétoient encore la série des accessoires ordinaires aux monumens religieux ».

« D'une autre part, le goût de décoration et d'ornement qui avoit présidé à l'embellissement de l'édifice, sembloit avoit été puisé plutôt dans les monumens dégénérés de Palmyre, Balbeck ou Spalatro, que dans ces ruines immortelles que le temps semble avoit respectées pour assurer

à l'antique Grèce, la permanence de l'enseigne-
ment dans tous les genres d'art.

» Le vice de ce système de décoration tenoit
moins encore à la nature particulière des ornemens, qu'à l'abus de leur emploi et à leur indis-
crète profusion. Ce vice, dont l'effet est d'introduire, par trop de variété, l'idée seule du plaisir
dans les ouvrages de l'architecture, est ce qui
contribue le plus à les rendre insusceptibles d'aucune destination grave. Plus d'économie, plus
de repos, plus de silence dans cette décoration
l'eût rendue sans-doute plus analogue au caractère
d'un monument religieux. Mais, pour changer
de divinité, le temple avoit-il besoin de moins
de gravité ? L'abus y seroit-il moins sensible ? Le
culte de la Patrie exigeoit-il donc, dans l'édifice
qui devoit le recevoir et en fortifier les nobles
impressions, moins de grandeur et de majesté ; et
les monumens des grands hommes, dont il devoit
devenir l'hypogée, n'imposoient-ils pas à l'harmonie générale un mode grave et sérieux ? ne
devoient-ils pas donner le ton et indiquer la
convenance que réclamoit un semblable dépôt ?

» Telles étoient les principales objections que
le goût pouvoit opposer au projet de trans-
former en Panthéon national, la demeure préparée
à la bergère de Nanterre.

Je n'avois pas été des derniers à les produire, je voulus être le premier à les résoudre.

Je sentis que la beauté de l'institution nouvelle, que des changemens hardis, que des additions faciles, que d'heureuses modifications pourroient corriger aux yeux des hommes d'un goût délicat, ce que notre monument, dans son nouvel emploi, sembloit offrir de disparates et d'incohérences.

Je compris aussi combien une telle institution sollicitoit de célérité dans l'exécution, combien elle devoit devenir utile au succès de la révolution, combien la force morale que la liberté pourroit y trouver, donneroit d'essor à toutes les espèces de vertus dont la liberté a besoin.

Dès-lors je m'occupai moins de tout ce que la critique des artistes pouvoit reprendre dans ce projet, que des moyens propres à atténuer les sujets de critique et à les faire disparoître.

Je m'efforçai d'y réussir dans des dessins et dans un long rapport qui me fut demandé par le Directoire du Département, sur l'état général de l'édifice et sur les moyens de le rendre propre à remplir les intentions du décret de l'Assemblée constituante.

Ce rapport, rendu public par la voie de l'impression et distribué aux membres de l'Assemblée, parut alors dissiper tous les doutes. L'accueil qu'il reçut encouragea le Directoire à me confier le soin de réaliser mes projets.

L'approbation qu'il y avoit donnée me fit un devoir austère de me renfermer dans les vues qui y sont développées. Tout ce qu'il contient a été ponctuellement suivi ; et si j'insiste sur cette fidélité, c'est qu'il m'est peut-être permis de m'applaudir aujourd'hui de n'être pas alors, dans mes conceptions, resté en arrière des événemens politiques survenus depuis, en sorte qu'en exécutant les idées du mois de mai 1791, on ne peut pas me reprocher d'être au-dessous du 10 août 1792.

Je ne reproduirai pas au Directoire le contenu de ce mémoire ; l'exposition fidelle de ce qui s'est fait depuis la première époque, établira un parallèle tout simple entre ce que je projetai et ce que j'ai exécuté, qui suffira sans-doute à ce que l'on peut avoir besoin d'en connoître.

De la suppression des fenêtres au pourtour de l'édifice.

Mon premier soin, dans la conception de tous les changemens qui pouvoient contribuer à remplir l'intention du décret, fut donc de faire disparoître tout ce qui pouvoit rappeler le caractère d'une église.

Les grandes et longues croisées, dont le mo-

nument étoit percé dans tout son pourtour, me
parurent une des premières suppressions à or-
donner; ces grands vitraux avoient trop de
ressemblance avec ceux de toutes nos églises,
pour pouvoir y être tolérés.

Voici les raisons fondées sur la convenance,
le bon goût et l'utilité, qui ont dicté cette
suppression :

1°. La trop grande similitude avec les vitraux
des églises.

2°. Si l'édifice se considère comme un temple,
la forme et l'idée de croisées en rabaisse le caractère au niveau des habitations particulières.

3°. Si le monument s'envisage sous le point
de vue sépulchral, rien ne répugne plus au
caractère de cette espèce d'édifices, que la présence et la multiplicité des croisées.

4°. Tout édifice surmonté d'une coupole
offre toujours l'aspect de deux édifices placés
l'un sur l'autre. Ce double emploi, cette du-
plicité de motif seront moins sensibles, si le
bâtiment inférieur, n'offrant aucun percé, se présente extérieurement comme le soubassement de
la coupole, qui trouve un empattement plus analogue, et ramène à elle, par l'unité rétablie, toute
l'attention du spectateur.

5°. Les nefs de notre édifice recevant inté-
rieurement un jour d'en-haut par de grands

ceintres extérieurement invisibles, l'effet de l'architecture, des ornemens et des monumens qui doivent s'y introduire, devoit gagner beaucoup à cette unité de lumière, et un jour plus mystérieux devoit aussi devenir plus analogue à sa nouvelle destination.

6°. Les murs extérieurs des parties de la croisée sur lesquels le péristile se détache, recevant plus de lisse, devoient en faire valoir et briller davantage la richesse ;

7°. Enfin, cette suppression de fenêtres devant s'opérer par un remplissage en pierres, la construction devoit gagner beaucoup de solidité, et les poussées de la coupole, des points d'appui encore plus fermes.

Cette clôture des fenêtres est sur le point de se terminer : sur quarante-neuf croisées, il y en a déjà trente - six de bouchées.

De la suppression des tours.

La suppression des tours ne devoit éprouver aucune contradiction dans l'opinion publique.

Le créateur du monument avoit, dans leur construction, payé à regret ce tribut involontaire aux préjugés de son temps. En achevant son ouvrage sous d'autres auspices, il y avoit encore quelque plaisir à rentrer dans ses vues, par cette démolition. Ceux-même, d'ailleurs, qui auroient désiré pouvoir marier dans la confection de notre monument, les idées religieuses, aux idées politiques, voyoient sans peine disparoître ces hors-d'œuvres de construction, ces masses inutiles, désavouées par le goût et par le nouvel ordre de toutes les choses.

Déjà elles eussent donc disparu, si je n'eusse cru devoir réserver ces travaux de démolition à la saison de l'année qui leur est la plus favorable, et dans laquelle la suspension ordinaire d'ouvrages de construction, laisse oisive une classe nombreuse de citoyens.

Cependant l'ordre de la démolition des tours est donné depuis long-temps. L'échafaud nécessaire à cette opération est prêt, la couverture en est déjà enlevée, et cet hiver les verra disparoître.

De la suppression de la lanterne.

La déconstruction de la lanterne, et son remplacement par une statue colossale, caractéristique du nouvel ordre d'idées, devoit éprouver plus de résistance dans l'opinion. Le systême mitoyen de ceux qui auroient voulu associer sous les mêmes voûtes le culte des saints et celui des grands hommes, répugnoit à la démolition de la lanterne. Ils objectoient:

1°. Que ce couronnement du dôme étant

terminé, sa suppression et son remplacement occasionnoient une dépense inutile ;

2°. Que cette espèce d'amortissement étoit d'usage sur toutes les coupoles, et nécessaire à leur terminaison ; que, d'ailleurs, il n'emportoit avec lui aucune signification qu'on pût regarder comme essentiellement caractéristique des édifices religieux ;

3°. Qu'on satisferoit même à tout ce que le changement absolu de destination pourroit exiger, en se contentant de supprimer la croix de bronze, et en la remplaçant par une petite figure allégorique.

Je répondis à ces trois objections :

1°. Que la considération d'économie est ici superflue, puisque la dépense nécessaire à ce changement, est portée dans le devis qu'a présenté le Directoire à l'Assemblée Nationale ; que celle-ci l'a approuvé, et que le fonds en est décrété ; que, d'ailleurs, à toutes les objections d'économie, il y auroit à faire toujours la grande réponse : savoir, que le changement de destination, ainsi que je l'ai prouvé, a diminué de moitié la somme nécessaire à l'achèvement de l'édifice ;

2°. Que c'est parce que toutes les coupoles qui sont des églises ont des lanternes, qu'il importe que celle-ci qui cesse d'être une église, cesse aussi d'avoir une lanterne ; que les moyens de caractériser notre édifice étant peu nombreux, il ne faut en négliger aucun ; que de tous les moyens de rendre sensible aux yeux sa destination morale, celui du couronnement est le plus efficace, puisque dominant tout l'édifice qui domine aussi la ville, de toutes parts tous les yeux seront, par cette espèce d'enseigne, forcés d'apprendre et de reconnoître la nature du monument ; que la raison tirée de l'usage ne prouve autre chose que l'empire de la routine dans les ouvrages de l'art, et dans les jugemens du public ; que Soufflot lui-même avoit d'abord conçu le projet d'élever un grouppe au dessus de sa coupole, comme en font foi ses premiers dessins ;

3°. Qu'enfin le projet de substituer simplement une figure à la croix, deviendroit puéril par l'exiguité même de la figure qui, d'en bas et de loin, joueroit tout au plus le rôle d'une maussade girouette.

De la statue colossalle à substituer à la lanterne.

Toutes ces considérations avoient été développées au Directoire, qui approuva le remplacement que je projettois, et autorisa le citoyen Dejoux à faire une statue colossalle de la Renommée, à 'a place de la lanterne.

Le

Le modèle de cette figure est déjà fait, et l'artiste qui en est chargé, est trop connu, comme s'étant particulièrement exercé dans le genre colossal, pour ne pas promettre de répondre à l'attente publique.

L'échafaud destiné à la démolition de la lanterne, est fait depuis long-temps, et n'attend plus que les ouvriers.

Je vous dois rendre compte encore, Citoyens, des raisons qui m'ont décidé à proposer de préférence dans cette statue, le sujet de la Renommée, pour couronner ce temple de la gloire.

J'ai pensé d'abord que ce monument, quoique dû à la révolution, n'étoit pas encore spécialement celui de la révolution ; qu'il ne falloit pas, par une cumulation d'idées, envier aux arts, ni vouloir ici partager d'avance les conceptions propres au monument que la République consacrera sans doute à la révolution.

J'ai toujours vu le développement de toutes les idées du Panthéon, dans le texte de sa belle inscription : *aux grands hommes la Patrie reconnoissante.*

Je l'ai toujours considéré comme un temple consacré à la Patrie et à la gloire, comme une espèce de Prytannée sépulchral, dont tous les emblêmes doivent tendre à réveiller, et l'amour de la Patrie pour les citoyens qui la servent, et la reconnoissance des citoyens envers la Patrie qui les récompense.

Enfin , quel que soit le desir que j'ai partagé avec tous les amis de la liberté , de voir briller en l'air son effigie , j'ai dû ici à l'unité de motif, principe de toute bonne décoration, au véritable sens de l'édifice et à sa convenance, de préférer la figure de la Renommée, appelant tous les grands hommes à partager les honneurs de la République française , publiant leurs fastes, et leur montrant la palme de l'immortalité.

Il restera à décider dans quelle matière cette statue sera exécutée. Je l'avois, par économie, proposée en pierre. Les artistes la voudroient en bronze. Mais ce métal, sans doute le plus durable, outre la grande dépense qu'exigeroit une telle fonte , est aussi le plus exposé aux dangers des destructions politiques. Le plomb , à une si grande hauteur , auroit l'apparence du bronze ; ce métal moins dispendieux , et d'une fonte bien plus économique , satisferoit peut-être tout ce que la convenance exige.

Du mur d'enceinte et de la plantation.

Au nombre des moyens extérieurs et généraux de caractériser l'édifice, j'aurois voulu pouvoir vous annoncer comme déjà mis à exécution, le plus intéressant, selon moi, et le plus énergique de tous. Je parle de l'enceinte que doit former autour du monument un mur construit à l'imitation des temples de l'antiquité, et qui sous d'heureuses plantations renfermeroit une espèce d'élisée. C'est-là, que suivant une juste graduation établie entre les récompenses des serviteurs de la Patrie, plusieurs monumens devront trouver une place qui, pour avoir moins d'éclat, n'auroit pas moins d'intérêt.

Rien cependant n'est commencé à cet égard, mais l'hiver qui est la saison des démolitions, verra s'applanir et se déblayer l'aire qui environne l'édifice, les plantations pourront s'y faire de suite, et avec le printemps pourra commencer la construction du mur d'enceinte.

Après vous avoir parlé des principales opérations de construction ou de démolition propres à mettre le caractère de l'édifice au niveau de sa destination, il me reste à vous rendre compte, Citoyens, des changemens déjà opérés ou à continuer dans *l'ornement* & la *décoration.*

De l'ornement.

L'ornement, en langage d'architecture, diffère de la *décoration*, en ce que le premier comprend tout embellissement distinct des figures, des sujets d'histoire et de l'imitation de l'homme. La seconde s'entend plus particulièrement des bas-reliefs, statues et autres objets du même genre.

B 2

L'ornement, comme je l'ai déjà dit avoit été prodigué tant dans l'intérieur des deux nefs déjà terminées, que dans l'ensemble du péristile.

La première suppression que j'ai ordonnée à celui-ci, fut celle de l'enroulement de la frise, auquel j'ai substitué les caractères de bronze de l'inscription décrétée par l'Assemblée constituante. Cette place étoit la seule qui lui convînt, et je ne pense pas qu'un seul homme de goût ait regretté cet ornement confus qui allourdissoit plus qu'il n'enrichissoit l'entablement.

Le dessous du péristile offroit dans la diversité de ses compartimens, et dans la division de l'espace, une très-grande confusion. Le mur du *pronaos*, enrichi de portes inégales dans leur hauteur de chambranles, de bas-reliefs, de cadres, de guirlandes, de chiffres et d'entrelacemens, présentoit aux colonnes cannelées du péristile un fond beaucoup trop chargé ; et comme les richesses en architecture ne valent que par les repos, les colonnes cannelées, c'est-à-dire du mode le plus riche, ne pouvant être rendues lisses, il étoit plus naturel, et selon tous les principes du goût, plus convenable de faire céder la richesse du fond sur lequel elles devoient se détacher. C'est ce qui m'a engagé à faire boucher les deux portes collatérales, à faire supprimer leurs chambranles, ainsi que ceux des tables, ce qui doit donner aussi plus de valeur à la porte du milieu.

J'ai laissé subsister les cinq bas-reliefs, mais en supprimant leurs cadres, et en les prenant en renfoncement dans le mur. Enfin j'ai fait raser les chiffres de Sainte - Geneviève, les guirlandes, et d'autres colifichets de ce genre qui ne pouvoient plus s'accorder avec le parti de simplicité auquel je voulois arriver.

La suppression de ces guirlandes faisoit aussi espérer aux artistes la radiation de celles qui décorent l'entablement extérieur dans tout le pourtour de l'édifice. Cependant, après avoir vu l'effet que la clôture des croisées produit à l'extérieur, j'ai pensé qu'un si grand lisse pourroit avoir besoin d'être réveillé par quelques ornemens, et j'ai laissé provisoirement subsister ces guirlandes, que quelques changemens pourroient améliorer et ramener à un meilleur style.

Les suppressions d'ornement proprement dit, se réduisent jusqu'à présent à peu de chose dans l'intérieur de l'édifice ; on termine celles des fleurs - de lys, chiffres et médaillons de Rois, dont j'avois prononcé la proscription bien longtems avant le 10 août. A l'époque où je fus chargé de cette direction, deux nefs et la coupole restoient encore à orner, c'est-à-dire, les trois cinquièmes du monument.

Je crus donc devoir établir dans ce qui restoit à faire, une plus grande sobriété d'ornemens. Ce systéme satisfaisoit à la fois le goût et l'économie des deniers publics. Dans presque tous les profils et dessins d'ornemens, le citoyen *Soufflot*, inspecteur pour la partie *d'ornement*, s'efforça aussi de coopérer à cette intelligente réduction. Il s'est répété dans ces voûtes peu de parties d'ornemens déjà prescrites par les deux voûtes antérieurement terminées, que nous n'ayons de concert visé à l'épargne en question.

Enfin ce n'a été qu'après la terminaison de ces nouvelles voûtes, que la comparaison entre elles et les anciennes, m'a déterminé à commander dans la voûte septentrionale les réductions et suppressions de diverses *bagatelles*, comme palmes, bouquets de fleurs, lozanges, *labarum* à l'œil de la voûte, têtes de chérubins et anges, dont j'espère que ni le bon goût, ni le bon sens, ne me demanderont jamais compte.

Lorsque tout l'intérieur de l'édifice sera déséchafaudé, ce qui aura lieu sous très-peu de tems, et que l'opinion publique pourra comparer toutes les parties des nefs et des voûtes, j'espère qu'elle prononcera de nouvelles suppressions; telles par exemple, que celle de l'enroulement qui décore la frise intérieure; mais j'ai cru de mon devoir d'attendre ses décisions, et de ne les point prévenir. On verra que l'harmonie à mettre dans cet édifice , doit s'opérer beaucoup plus par réduction que par addition.

De la décoration.

J'arrive à des changemens plus réels et plus importans, ce sont ceux de la *décoration.* Une partie de ce renouvellement est déjà consommée, et l'autre reste à entreprendre. Vous jugerez sans doute, Citoyens, qu'elle est une conséquence nécessaire de la première et du progrès de l'opinion publique.

Dès l'origine, comme je l'ai déjà donné à entendre, j'eus à lutter, dans l'entreprise de tous ces changemens, contre un systéme mitoyen et conciliateur qui tenoit, d'une part, à des pré-jugés religieux non encore éteints, et de l'autre, à un esprit protecteur et conservateur des idées et des conceptions du défunt architecte Soufflot. Ce systéme auroit voulu capituler, en amalgamant ensemble des objets et des idées que je n'ai jamais cessé de croire incompatibles.

J'avois annoncé, dès l'abord , qu'il ne pouvoit y avoir de partage entre les deux destinations ; j'objectois que la religion avoit en France des milliers de temples, qu'il seroit bien extraordi-naire que le culte de la Patrie ne pût en posséder un seul sans partage et sans envie. De là peut-être les murmures que mes suppressions ont pu faire naître. Je l'ignore, car aucune plainte revêtue de quelque forme, ne m'est encore parvenue, et je ne crois pas qu'aucune, s'il y en a, ait été rendue publique.

Pour moi, fidèle au plan d'opérations que j'avois présenté, j'ai dû commencer par les objets extérieurs.

Remplacement du bas-relief du fronton.

Le plus important de tous étoit le fronton. Le nom seul de cette partie du péristile l'annonce comme la place la plus propre à recevoir une des allégories les plus caractéristiques du monument. Le ci-devant bas-relief étoit, quant au sujet, à la conception et à l'exécution, une des plus médiocres et des plus insipides productions de l'art. Des anges prosternés sur des nuages, en adoration devant une croix qu'on disoit resplendissante au milieu d'une gloire formée de rayons en pierre, avoient paru peu dignes d'exercer le cizeau de l'artiste célèbre qui eut l'entreprise de cet ouvrage ; il le confia à ses élèves, et leur talent ne put vaincre l'ingratitude du sujet.

La construction du tympan de ce fronton a permis d'y opérer la réincrustation de pierres nouvelles, sur lesquelles on ébauche actuellement le sujet suivant :

La République ou la Patrie, sous la forme d'une femme grande et imposante, accompagnée des emblêmes qui la font connoître pour la France, se lève de son trône ; ses deux bras étendus portent des couronnes ; à sa gauche, un jeune homme aîlé tenant d'une main la massue, symbole de la force, de l'autre, saisit la couronne ; à ses traits on reconnoît le Génie ; il est suivi de celui de la Philosophie qui renverse toutes les anciennes erreurs, toutes les vieilles superstitions représentées par leurs emblêmes, portées et traînées dans un char attelé de griphons, animal chimérique, devenu, dans le langage des artistes, le symbole de l'erreur que le petit Génie, armé d'un flambeau, foule aux pieds et terrasse. L'autre main de la Patrie tient une couronne qui se repose sur la tête d'une jeune fille, qu'à son air modeste, qu'à son maintien réservé l'on distingue être la Vertu ; elle est suivie du Génie de la Liberté qui conduit un attelage de lions attachés au char, où sont renfermés les emblêmes de toutes les vertus. Une figure terrassée par ce char occupe la partie la plus rampante du fronton ; à ses attributs, à ses regrets, on reconnoît l'Aristocratie subjuguée.

Le citoyen Moitte, auteur de ce bas relief, dont le modèle est fait, s'occupe à l'exécuter sur la pierre ; son nom me dispense d'éloges, et

J'espère que ce vaste ouvrage ajoutera encore à son nom ; il sera terminé dans le courant de l'année prochaine.

Renouvellement des cinq bas - reliefs du péristile.

Le renouvellement des cinq bas-reliefs dessous le péristile a été entrepris à-peu-près dans le même-temps ; mais ces ouvrages beaucoup moins étendus que celui du fronton, seront terminés sous peu de temps. Le public en jouira dans le commencement de la prochaine année. Je ne laisserai pas d'en décrire en abrégé les sujets.

J'ai déjà dit que sous le péristile se trouvoient des tables propres à recevoir des inscriptions qui eussent été la dédicace de l'église. J'ai pensé que le code de nos lois contenu d'une part dans une déclaration des droits, & de l'autre dans une constitution, seroit bien placé sous le portique de ce Panthéon philosophique. Cette idée m'a conduit à y assortir les cinq bas-reliefs & à y exprimer par analogie , moins les traits de la Révolution que ses bienfaits, & moins son histoire que sa morale.

J'ai voulu que la Liberté et l'Égalité, accompagnées de la Nature, parussent dans le bas-relief du milieu, présentant à la France le Code de ses lois ; la Renommée planât dans les airs et les publiât à toutes les Nations.

Des deux côtés de ce bas-relief, j'ai placé des sujets, dont les uns expriment ce que l'homme a droit d'exiger de la Patrie, & les autres ce que la Patrie exige de lui.

En général, j'ai voulu que la figure de la République ou de la Patrie, substituée à l'ancienne patrone, devînt le sujet principal de tous les emblêmes, & parût être, comme elle le doit, la Divinité du temple.

On voit donc, dans un de ces bas-reliefs, la Patrie présentant aux pères & mères de familles, l'Instruction publique qu'embrassent de jeunes citoyens.

Dans un autre est exprimé cet autre grand bienfait de la Révolution, la nouvelle Jurisprudence, l'institution du Juré.

Un troisième exprime le serment & l'obéissance à la Loi.

Le quatrième, le dévouement à la Patrie, sous l'emblême d'un guerrier, qui remet en mourant son épée sur l'autel de la Patrie, et reçoit de celle-ci la couronne de la vertu.

Les auteurs de ces cinq bas-reliefs, sont les citoyens *Boischot*, *Fortin*, *Rolland*, *le Sueur* et *Chaudet*.

C'est dans le même systême d'idées et d'allégories, que j'ai conçu la nouvelle décoration de l'intérieur.

Autel de la Patrie.

L'autel de la Patrie orné des figures des 83 Départemens, seroit sous la coupole et dans le point central du monument.

Figure colossale de la Patrie.

La partie circulaire ou la grande niche du fond, recevroit l'image colossale de la Divinité du lieu, sous des formes et dans une attitude propre à rappeller chez-nous les grandes idées de l'antiquité. J'ai déjà fait une esquisse de cet ouvrage, mais comme je desire ne le rendre public qu'au moment où une exposition permettra le concours, je prierai le Directoire de me permettre d'en supprimer ici la description. J'aurai encore d'autres projets ultérieurs à soumettre à son jugement.

Des sujets allégoriques à substituer dans l'intérieur des voûtes aux anciens sujets de dévotion.

Mais ce qu'il est instant qu'il arréte en ce moment, c'est la nature et la série des sujets qui doivent orner les pendentifs des voûtes, ou se substituer à ceux que rejette la nouvelle destination du monument.

Les artistes attendent impatiemment cette décision, et si le Directoire se déterminoit promptement, les modèles pourroient se faire cet hiver dans les atteliers particuliers et se trouver prêts au printems prochain à être traduits en pierre, ensorte que la campagne prochaine verroit se terminer toute cette décoration.

Ce monument consacré aux grands hommes par la Patrie reconnoissante, deviendra pour eux une espèce d'Elysée visible, où ils jouiront, dans leurs simulacres, des hommages que l'ingratitude contemporaine aura peut-être enviés à leurs personnes. En suivant cette idée, ne pourroit-on pas par une heureuse allusion, leur faire retrouver dans cet asyle sacré, séjour paisible de l'immortalité, toutes les jouissances qui flattoient leurs goûts, en les y supposant toujours épris des objets qui furent le charme de leur vie et la source de leur gloire. Suivant donc cette idée dans tous ses développemens, soit que dans les différentes nefs on voulût classer les grands hommes selon leurs vertus ou leurs talens, soit qu'un mélange indifférent parût plus heureux, il conviendroit d'assigner aux allégories de chaque nef, un motif déterminé.

La première nef seroit celle de la philosophie; ses quatre pendentifs représenteroient les emblêmes de la morale, de la législation, de la politique et de l'histoire.

La seconde nef, c'est-à-dire celle du fond,

pourroit être celle des vertus patriotiques. Placée dans ce lieu , l'effigie même de la Patrie, par une sorte d'analogie , ameneroit dans ses pendentifs la force pour les vertus guerrières, la justice pour les vertus privées , le désintéressement et le dévouement à la République.

Des deux nefs qui forment la croisée, l'une recevroit dans ses pendentifs les génies des sciences, exprimés par l'astronomie, la géométrie, la physique et l'agriculture.

La nef opposée, consacrée aux arts, verroit dans ses compartimens les quatre génies ; le premier, de la peinture et de la sculpture ; le second, de l'architecture et de la musique ; le troisième, de la poésie et de l'éloquence ; le quatrième, de la navigation et du commerce.

Les quatre grands pendentifs de la coupole, offriroient en abrégé, comme une espèce d'analyse des sujets correspondans à chacune des nefs, et qui seroient les emblêmes de la philosophie, de la vertu, des sciences et des arts.

De la peinture de la coupole.

Un seul ouvrage de peinture doit trouver place dans ce grand édifice, de la décoration duquel la sculpture seule a fait les frais. Je parle du profond de la coupole. Cet ouvrage, par la nature de la construction, ne doit pas avoir une

aussi grande étendue que celle des autres coupoles ; mais pour être plus resserré , le plafond n'en
devra dire que plus de choses en moins d'objets.
Je ne me suis pas permis de prévenir dans sa com-
position , l'artiste sur qui les suffrages publics
feront tomber cette entreprise. Je crois cependant, que pour rester fidèle à l'ensemble d'un
motif uniforme d'allégories , ce plafond devroit
représenter l'apothéose du génie et de la vertu.

Comme je ne suis point entré dans le détail de
tous les travaux qui sont hors du cercle de l'in-
vention, et que le Directoire en trouvera le compte
le plus fidèle dans la seconde partie, qui sera celle
de la comptabilité, je ne l'entretiendrai pas ici
de ce qui reste à terminer pour faire entrer le
public en jouissance de ce monument.

Je dois dire, cependant, que lorsque les deux
articles de la sculpture des plafonds et de la
marbrerie du pavé seront décidés , il ne restera
plus d'opération importante qui puisse arrêter. A
la fin de l'année, l'intérieur de l'édifice sera déséchafaudé, à la réserve de la coupole ; ainsi,
sous quelques mois, l'on pourra le regarder
comme fait, sauf la terminaison des parties de
détail qui, cependant, n'en interrompront pas
la jouissance.

CHAPITRE II.

De l'ordre administratif établi pour diriger les opérations du monument et de la comptabilité.

Il ne s'agissoit pas seulement, Citoyens, d'établir un ordre nouveau d'idées et de travaux dans cette basilique devenue Nationale, il falloit encore en subordonner toutes les opérations à un ordre administratif, dont les rapports pussent embrasser avec beaucoup de simplicité, d'exactitude et d'économie, et les travaux et leur comptabilité.

J'ai dit qu'il falloit établir ; je dis plus, il falloit créer cet ordre. Mêlée et confondue dans les bureaux du ci-devant Directeur des bâtimens du roi, du Trésorier, de la Police et de l'Architecte, cette administration n'offroit aucun point fixe où l'on pût en recueillir les élémens.

Je ne parlerai pas des trois ou quatre mois de l'administration provisoire de la Municipalité d'alors. Elle n'avoit eu ni le temps, ni les moyens de mettre de l'ordre dans cette partie. Je n'en veux pour preuve que la lettre écrite au Directoire, vers les premiers jours de juillet, par les citoyens Montauban et Leroux-de-la-Ville, administrateurs

nistrateurs des travaux publics à la Municipalité,
et par laquelle ils préviennent eux-mêmes le Directoire que *le régime qui avoit été suivi depuis
le 28 février 1791, étoit très-vicieux et exigeoit
une prompte réforme.*

A peine nommé par le Directoire, je m'em-
pressai de lui présenter le projet du régime nouveau.

Il falloit y éviter, et cette multiplicité d'agens
de l'ancien régime qui, outre qu'elle devient oné-
reuse, met aussi trop d'embarras dans l'action, et
cette concentration de pouvoir en un petit nombre
de mains, qui expose ses dépositaires aux soup-
çons de la malveillance. Il falloit ménager entre
tous les employés des contrôles respectifs et
produire cependant un centre où tout aboutiroit.
Je vais entrer dans quelques détails sur l'orga-
nisation de cette administration. Mais je me hâte
d'annoncer à ceux qui aiment les prompts résul-
tats, que tandis que la partie active du bâtiment
coûtoit auparavant 23 mille livres, sans comprendre aucuns des frais d'administration dans
les bureaux du Directeur-général des bâtimens,
de la police, etc. la partie active et administra-
tive, c'est-à-dire, celle des travaux et celle des
bureaux, ne monte aujourd'hui qu'à 17500 liv.

C

Des personnes employées.

Toute l'administration, et sous ce nom je vais renfermer dorénavant les deux parties, se compose :

1°, Du citoyen Quatremère, chargé en qualité de commissaire du Directoire, de la direction et de l'administration du monument. Comme Directeur, il remplit, sous les rapports généraux, les fonctions d'architecte. Comme Administrateur, il ordonne les dépenses de tout genre, surveille la comptabilité, et en arrête tous les états. Mais, soit en qualité de Directeur, soit en qualité d'Administrateur, ses opérations ont pour base, des arrêtés du Directoire sur tous les objets importans. Ses fonctions sont gratuites.

Des six employés principaux, trois ont pour objet les travaux ; trois autres, la comptabilité.

Les trois premiers, sont les citoyens Rondelet et Souflot, inspecteurs, et Bourdon vérificateur. Les fonctions du citoyen Rondelet, sont de faire exécuter sur les ordres qu'il reçoit, tous les genres de travaux relatifs à la construction par les différens entrepreneurs, de tracer les épures, de tenir et recueillir les attachemens de toute espèce, de veiller à la conservation des matériaux, de surveiller les ouvriers, de viser toutes les quinzaines, les rôles de la maçonnerie, d'en fournir

un double au bureau avec l'attachement du nombre des journées et des travaux auxquels les
ouvriers ont été employés, etc. Les fonctions dont
est chargé aujourd'hui le citoyen Rondelet, étoient
autrefois remplies par trois inspecteurs. Son traitement a été fixé, par arrêté du Directoire, à
3600 liv. par an.

Les fonctions du citoyen Soufflot sont de faire
et présenter à l'Administration les profils et dessins
des nouveaux ornemens qui doivent être exécutés,
de donner son avis sur les prix de chacun, de
surveiller les travaux relatifs à la sculpture d'ornement, ainsi que les compagnons sculpteurs ; de
prononcer sur leur admission, de leur assigner
les travaux, de donner son avis sur leurs réclamations, d'en viser les rôles toutes les quinzaines, de surveiller l'exécution des modèles, de
donner directement tous les ordres sur ceux
qu'il reçoit relatifs à sa partie, et de les trans-
mettre sur-tout aux deux chefs des compagnons
sculpteurs dont il sera parlé. Le traitement du
citoyen Soufflot a été également fixé par le
Directoire à 3,600 liv.

Les fonctions du citoyen Bourdon, sont de
vérifier sur la place tous les genres de travaux
du monument, de vérifier et arrêter les rôles
toutes les quinzaines, de vérifier et d'arrêter tous
les six mois les mémoires des entrepreneurs, de

donner son avis sur les prix des divers ouvrages à exécuter, de présenter à l'Administration des rapports sur les devis et soumissions proposés, ainsi que sur les réclamations qui peuvent avoir lieu, de constater l'état des matériaux qui cessent d'être utiles. Son traitement a été fixé par le Directoire à 3,600 liv.

Les trois Employés dont les fonctions ont pour objet les opérations de la comptabilité, sont les citoyens Lefevre, Francin et Saussine.

Les fonctions du citoyen Lefevre, nommé par le Directoire chef de la comptabilité, sont de recevoir, enregistrer et tenir en ordre tous les papiers relatifs à la direction et à l'administration, d'en demeurer dépositaire et gardien ; de tenir la correspondance sur tous les objets ; de dresser, chaque quinzaine, les états de distribution des sommes à payer, de les adresser au Directoire ; de délivrer à ceux qui y sont compris, les bons qui leur sont nécessaires pour obtenir du Directoire des mandats sur le Receveur du Département ; de tenir les livres de comptabilité, soit simple, soit en parties doubles ; de dresser, le premier de chaque mois, un compte sommaire des travaux faits dans le cours des mois précédents, des sommes versées dans la caisse du Receveur du Département, du montant des bons délivrés et de ce qui reste en caisse ; de rédiger le compte général de tous les genres de travaux exécutés pendant le cours de l'année, des dépenses qu'ils ont occasionnées, ainsi que des frais d'administration ; d'en rassembler et mettre en ordre toutes les pièces justificatives ; enfin de diriger et de surveiller l'intérieur du bureau. Le traitement du citoyen Lefevre a été fixé par arrêté du Directoire, à la somme de 4000 liv.

Les fonctions du citoyen Francin, architecte, sont de tenir état du résultat des conférences tenues sur tous les objets de direction et d'administration ; de suppléer dans la correspondance le citoyen Lefevre, et le citoyen Quatremère dans l'inspection générale de tous les genres de travaux, de l'exécution de tous les ordres, et de servir, au besoin, de dessinateur. Son traitement a été arrêté par le Directoire à 1500 liv.

Le citoyen Saussine, Commis très-exercé dans l'art du toisé, est employé aux écritures du bureau. Son traitement a été porté à 1200 liv.

Tel est le nombre des personnes employées utilement. On n'y a ni compris, ni pu comprendre le citoyen Beauvillain, Inspecteur dans l'ancienne administration pendant 30 années, paralytique, chargé de huit enfans et hors d'état de se livrer à aucun genre de travail. Le Directoire a cru devoir à ce vieillard respectable, à ses longs services et à ses infirmités, de lui conserver son traitement de 3,500 liv.

On voit donc que vu la grande activité des travaux, vu la réduction de plusieurs employés, il étoit impossible de porter au-dessous la somme de tous ces traitemens, sur-tout quand on considère que dans le nombre de ces personnes employées, sont des hommes d'un mérite consommé, et des artistes du talent le plus recommandable.

Le Directoire m'a laissé encore le maître de porter à sept le nombre des personnes utilement employées, jusqu'à la concurrence de 19 mille livres, savoir : 3 pour les travaux, et 4 pour les bureaux. Cependant je me suis contenté de trois pour la comptabilité, et je n'ai recours à un quatrième que lorsque les circonstances l'exigent.

Je ne devois pas comprendre au nombre des employés, deux agens subalternes qui président à l'exécution de la sculpture d'ornement ; ils n'ont point de traitement, ils sont sculpteurs eux-mêmes ; leurs fonctions n'auront d'autre durée que celle de la sculpture d'ornement prête à finir ; enfin ils sont payés simplement à la journée. Cependant je dois rendre compte de leurs fonctions et de la nécessité de leur emploi.

Sous l'ancienne administration, la sculpture

d'ornement étoit confiée à des entrepreneurs. Eux seuls avoient par conséquent la régie de cette partie, et pourvu que l'ouvrage fût trouvé bon par l'architecte, personne n'avoit droit de s'immiscer dans leurs opérations.

L'état dans lequel se trouvoit le monument, par rapport à l'ornement, lors de la reprise des travaux par la Municipalité en 1791, permettoit de se passer des entrepreneurs, puisque la plus grande partie des modèles étoit faite, et qu'il ne s'agissoit que de répéter et de continuer des objets déjà commencés. En se passant d'entrepreneurs, il devoit y avoir beaucoup d'économie; le bénéfice de ceux-ci devoit tourner au profit de la chose publique. Le Directoire trouva ce mode établi, et il se détermina à le suivre.

Mais si ce mode présente de l'économie, il exige une surveillance continuelle, très-assujettissante, et des opérations immenses de détail, sans lesquelles la bonne exécution de l'ouvrage deviendroit incertaine, et l'économie même illusoire.

Quelle responsabilité, en effet, peut-on exiger de cent compagnons sculpteurs, qui exécutent le même ouvrage à la tâche, sans solidarité, et quels moyens prompts et certains pour exercer à leur égard cette responsabilité ? Les talens entre cent personnes sont inégaux, et dans le nombr il en est plusieurs qui n'ont peut-être d'autre ressources, pour subsister eux et leurs familles, que le produit de leurs travaux journaliers.

Pour suppléer donc à la vigilance intéressée des entrepreneurs et pour établir un ordre que la nature des choses rendoit aussi utile que minutieux ; j'ai été obligé d'établir à la tête de l'attelier des sculpteurs, deux sculpteurs dont voici les noms et l'emploi.

Le citoyen Liger , chargé sous le citoyen Soufflot, de faire les poncifs sur les dessins arrêtés , de tracer l'ouvrage, d'en surveiller directement et continuellement l'exécution , de le perfectionner si besoin est , de faire les modèles qui lui sont commandés , de donner son avis sur le prix des ornemens à faire , et lorsque son emploi lui laisse des momens libres , de travailler avec et comme les autres compagnons sculpteurs.

L'autre chef des sculpteurs, le citoyen Lanoye, est chargé sous l'inspection du citoyen Soufflot, de tenir un compte ouvert, jour par jour, avec chacun des cent compagnons sculpteurs, de leur distribuer les travaux en raison de leur capacité, d'accompagner le citoyen Bourdon dans la vérification qu'il fait, trois ou quatre fois par semaine, du toisé des ouvrages et de la nature des pierres sur lesquelles s'exécute l'ornement, de dresser toutes les quinzaines et de produire à l'administration, les rôles des à-comptes à donner à chacun des sculpteurs, en raison du travail qu'il a fait, ainsi que des menus frais qui y sont relatifs ; de faire toutes les démarches nécessaires pour se procurer le montant de ces rôles sur les bons qui lui sont délivrés par l'administration ; de distribuer à chacun des sculpteurs, les sommes pour lesquelles ils y sont portés ; de dresser toutes les quinzaines et de déposer au bureau les rôles des à-comptes donnés aux sculpteurs, signés de chacun d'eux, à la suite des sommes qu'ils ont reçues, et de travailler à la sculpture s'il a des momens de reste.

On juge par-là des détails de cette partie de la comptabilité ; il faut encore observer que dans une étendue plus ou moins grande de pierres à sculpter, il s'en rencontre jusqu'à quatre sortes, de la tendre, de la ferme, de la dure et de la ferrée. Il seroit donc injuste de régler le prix de l'exécution sur le simple toisé de l'ouvrage, la qualité de la pierre y apporte beaucoup de différences. Ces différences deviennent à tout instant des sujets de contestations, de vérifications et d'arbitrages, et l'emploi du citoyen Lanoye est un de ceux qui exigent le plus d'intelligence, de justice, de modération, de probité et d'activité. La paie de ces deux chefs a été réglée par journée sur le taux 'de six livres, qui devient le prix moyen des compagnons sculpteurs.

De la comptabilité.

Aucuns renseignemens ne pouvoient diriger les opérations de la comptabilité, lors de l'établissement du nouvel ordre de choses. Il n'existoit ni papiers ni registres qui pussent servir de modèle. Mes premiers soins devoient donc se porter vers cette partie importante. J'en concertai les bases avec le chef de la comptabilité. Elles furent communiquées au Directoire qui les approuva.

La 1ᶜʳᵉ. qui a servi à établir toutes les autres, et a été présentée au Directoire comme une condition, sans l'exécution rigoureuse de laquelle ni moi, ni le chef de la comptabilité, n'eussions accepté la marque de confiance qui nous étoit offerte, fut que nous n'aurions aucun maniement quelconque de deniers.

La 2ᵉ. Qu'il seroit dressé des états de distribution sur lesquels l'administration délivreroit des bons pour chacune des sommes qui y seroient portées; que ces états' de distribution seroient signés du Commissaire du Département, ainsi que les bons, et ces derniers contresignés du chef de la comptabilité.

La 3ᵉ. Que les états de distribution seroient

faits doubles, que l'un de ces doubles seroit adressé au Directoire, et que sur l'autre qu resteroit au bureau de l'Administration, les intéressés inscriroient en marge le reçu des bons qui leur seroient délivrés.

La 4ᵉ. Que les bons délivrés aux intéressés, seroient par eux présentés au Directoire qui, après les avoir confrontés avec les états de distribution, leur feroit délivrer des mandats de pareille somme sur le Receveur du Département.

La 5ᵉ. Que pour éviter toute confusion dans les divers objets de dépense, il y auroit trois classes d'états de distributions : ceux relatifs aux sommes à payer pour les ouvrages de tout genre dans le monument ; ceux relatifs aux traitemens des employés ; ceux enfin qui ont rapport aux dépenses diverses de bureau, et autres menus frais journaliers.

La 6ᵉ. Que le chef de la comptabilité ne pourroit comprendre dans les états de distribution que les créances établies sur les pièces justificatives, revêtues des formalités qui seront détaillées ci-après.

La 7ᵉ. Qu'il seroit tenu, 1°. un livre journal, sur lequel seroient inscrites sous des nᵒˢ. suivis, soit les sommes qui seroient versées dans la caisse du Receveur du Département, soit celles comprises dans les états de distribution, et pour lesquelles il auroit été délivré des bons ; 2°. un registre en partie double.

Ces bases établies, je me suis occupé de l'ordre à introduire dans le régime des différentes parties d'ouvrages qui s'exécutent dans le Panthéon, et qui se divisent en deux classes principales, les travaux de sculpture et ceux de construction.

De la sculpture d'ornement.

La sculpture d'ornement, ainsi qu'on l'a déjà dit, s'exécute à la tâche par un très-grand nombre de sculpteurs. Pour établir dans la comptabilité de cette partie un ordre constant, prévenir les abus, assurer le rigoureux emploi des fonds, et ne pas rendre illusoire l'économie que présente ce mode d'exécution, j'ai arrêté :

1°. Qu'aucun ouvrage ne seroit entrepris que sur des dessins présentés par l'inspecteur de l'ornement, et approuvés par moi; que les prix en seroient discutés en ma présence; qu'après les avoir arrêtés, ils seroient proposés aux compagnons sculpteurs, et acceptés par la signature de chacun d'eux ;

2°. Que le chef des compagnons sculpteurs dresseroit, toutes les quinzaines, un rôle sur lequel seroient inscrits les noms de chacun des sculpteurs, le genre d'ornemens auxquels ils seroient employés, la partie du monument où l'ouvrage s'exécuteroit , la somme qui devroit être payée à chaque sculpteur , en raison de l'ouvrage qu'il auroit fait , en observant de ne donner que des à-comptes jusqu'à ce que l'ouvrage ait été admis par l'inspecteur de l'ornement ;

3°. Que pour parvenir à la confection de ce rôle , le chef des sculpteurs tiendroit , jour par jour , un compte ouvert avec chacun des compagnons ; que ce compte comprendroit , non-seulement le toisé des ouvrages exécutés , mais encore les diverses qualités de pierres , la nature des ornemens , et les sommes payées en à-compte ;

4°. Que le chef de la comptabilité ne pourroit employer dans les états de distribution le montant des rôles , que lorsqu'ils auroient été visés par l'inspecteur de l'ornement , et arrêtés par le vérificateur ;

5°. Que le chef des sculpteurs dresseroit aussi , toutes les quinzaines , un second rôle sur papier timbré , conforme en tout au premier ; que ce rôle seroit signé de chacun des sculpteurs qui y seroit employé , à la suite de la somme pour laquelle il y seroit porté ;

6°. Que le vérificateur reconnoîtroit sur la place , conjointement avec le chef des sculpteurs , et en présence des intéressés , deux ou trois fois par semaine , et plus souvent au besoin , les ouvrages qui s'exécuteroient ; qu'il en feroit le toisé, et prononceroit sur les diverses qualités de pierre ;

7°. Que le double des feuilles du chef des sculpteurs, contenant les comptes ouverts avec chacun d'eux, seroit déposé au bureau de l'administration, non seulement pour qu'elle puisse connoître en tout temps son état de situation avec chaque compagnon sculpteur, et s'assurer de l'exactitude des rôles ; mais encore pour former les tableaux, qui dans le compte général doivent servir de pièces justificatives à l'application du montant des bons délivrés;

8°. Enfin, qu'il seroit dressé par le vérificateur sur les feuilles dont on a parlé dans l'article précédent, autant de tableaux particuliers qu'il y auroit d'espèces de sculpture exécutées ; que chaque tableau contiendroit les noms de chacun des sculpteurs qui auroit travaillé à l'espèce d'ornement indiqué, la quantité de sculpture exécutée par chacun, avec désignation de la qualité de pierre ; que chaque tableau seroit accompagné de dessin de l'ornement y dénommé, afin qu'on puisse en connoître l'espèce et le développement.

Sculpture en figures.

La partie des sculptures en figure exige peu de détails. Chaque sculpteur est, pour un prix convenu, entrepreneur et exécuteur à son gré de ses propres inventions. La comptabilité en ce genre se réduit donc à n'employer dans les états de distribution, que les artistes chargés d'exécuter les différens bas-reliefs, et de ne les y employer qu'aux époques et pour les sommes fixées dans leurs soumissions ou marchés approuvés par le Directoire.

Travaux de construction.

Le grand nombre d'entrepreneurs différens employés à la construction d'un aussi grand édifice qu'est le Panthéon, produit des détails multipliés dans la comptabilité. Mais la plus importante entreprise de toutes, celle de la maçonnerie, fixa toute mon attention.

Ce qui rend cette partie plus compliquée que les autres, c'est encore, outre son étendue, que dans un monument de ce genre, où tout doit être porté à la plus grande perfection, elle comporte deux sortes de travaux : les uns de construction ordinaire, que l'entrepreneur fait à son compte ; et les autres d'une nature tellement particulière, tellement soignée et difficile, qu'ils ne peuvent se faire qu'au compte de l'administration. Les bénéfices ordinaires de l'entreprise ne suffiroient pas à indemniser l'Entrepreneur, on ne sauroit même en présumer d'avance le prix. Tels sont, par exemple, les ragrémens de certaines voûtes sphériques ou elliptiques, dont l'opération exige plus de temps que leur construction même. On présume bien que ces travaux extrémement délicats, sont encore moins susceptibles d'être faits à la tâche ; l'intérêt particulier s'accorderoit mal ici avec l'intérêt public.

Il y a donc dans le bâtiment deux sortes d'ou-vriers, les uns au compte de l'Administration, les autres au compte de l'Entrepreneur.

Sous l'administration provisoire de la Muni-cipalité, les uns étoient sous les ordres d'un pré-posé de cette Administration, et les autres sous les ordres du citoyen Poncet, Entrepreneur. Ce ré-gime étoit vicieux, destructif de l'unité nécessaire au maintien du bon ordre, de la subordination, de la bonne exécution, et de la responsabilité. Sur mes représentations, le Directoire s'est hâté de le réformer. Aujourd'hui tous les tailleurs de pierre indistinctement dépendent de l'Entrepreneur.

Les ouvrages au compte de l'Administration, sont par celle-ci régulièrement payés tous les quinze jours, sur des rôles visés par l'Inspecteur et arrêtés par le Vérificateur. Ces rôles contiennent les noms de chaque ouvrier, le nombre des jour-nées pour chacun, le prix de chaque journée. On laisse toujours une quinzaine en arrière pour le temps nécessaire aux vérifications.

On ne payé que des à-comptes sur les ouvrages

faits

faits à l'entreprise, et ces à-comptes ne sont payés que d'après des rôles produits toutes les quinzaines, rédigés dans la même forme que les précédens.

Ces à-comptes qui le plus ordinairement se délivrent tous les mois, n'ont pour objet que des journées d'ouvriers, des menues dépenses; les fournitures n'y entrent pour rien. Celles-ci sont l'objet des mémoires qui, ainsi que ceux des autres entrepreneurs, se règlent tous les six mois.

Sous l'administration de l'ancien régime, l'Entrepreneur de la maçonnerie faisoit l'avance des sommes nécessaires au paiement des dépenses ou journées d'ouvriers au compte de l'Administration. On lui accordoit dix pour cent de bénéfice, sur le montant des journées d'ouvriers, à raison des avances, frais de conduite, fourniture d'équipages, etc. On lui passoit, en outre, cinq pour cent de bénéfice sur le montant des dépenses courantes, et de tout article qui annonçoit une simple avance d'argent.

L'Administration actuelle s'étant décidée à acquitter et solder entièrement, à l'expiration de chaque quinzaine, le montant des journées d'ouvriers, et des dépenses courantes faites pour les ouvrages non confiés à l'entreprise, en observant de laisser une quinzaine en arrière, a réduit l'unique bénéfice de l'entrepreneur à six pour cent, soit pour les avances de la quinzaine arriérée, soit pour ses frais de conduite, soit pour les fournitures des équipages et des échafauds, autres que ceux de charpente. Cette opération m'a conduit à me faire rendre compte des équipages et échafauds fournis sous l'administration provisoire de la Municipalité, et par l'administration actuelle, jusqu'à ce qu'elle eût pu opérer cette réforme. L'état de ces matériaux a été dressé par l'Inspecteur de la construction, et par le Vérificateur. La confrontation de cet état avec ceux des objets fournis par la Municipalité, en découvrant une dilapidation considérable, a prouvé que la détermination que j'avois prise, assuroit une double économie. Tous ces équipages estimés par l'Inspecteur et le Vérificateur, 6536 liv. 16 s., ont été passés en compte à l'Entrepreneur pour ce prix.

L'Administration exige de tous les entrepreneurs et fournisseurs, qu'ils remettent leurs mémoires tous les six mois. Elle les fait viser, vérifier et régler sans délai, et les acquitte dès que ces formalités sont remplies. Elle s'est déterminée à adopter cette marche; 1°. parce que la vérification en est sous tous les rapports plus facile, vu que l'exécution des ouvrages est encore présente aux yeux ou à la mémoire; 2°. parce qu'en payant comptant dans de grandes entre-

prises, on a le droit d'exiger la plus stricte sévérité dans le réglement. Si cette méthode eût
pu avoir lieu dès le commencement de l'édifice,
on ne croit pas exagérer en portant à un quart
ou même à un tiers de moins, le prix total qu'eût
coûté l'édifice.